REVUE
ARCHÉOLOGIQUE

PUBLIÉE SOUS LA DIRECTION

DE MM.

G. PERROT ET S. REINACH

MEMBRES DE L'INSTITUT

EDHEM-BEY

—

FOUILLES ET DÉCOUVERTES

A TRALLES

PARIS

ERNEST LEROUX, ÉDITEUR

28, RUE BONAPARTE (VIe)

—

1905

Tous droits réservés.

L'Administration et le Bureau de la *REVUE ARCHÉOLOGIQUE* sont à la Librairie Ernest Leroux, 28, rue Bonaparte, Paris.

CONDITIONS DE L'ABONNEMENT

La *Revue archéologique* paraît par fascicules mensuels de 64 à 80 pages grand in-8, qui forment à la fin de l'année deux volumes ornés de 24 planches et de nombreuses gravures intercalées dans le texte.

PRIX :

Pour Paris. Un an............	30 fr.	Pour les départements. Un an..	32 fr.
Un numéro mensuel...........	3 fr.	Pour l'Etranger. Un an.......	33 fr.

On s'abonne également chez tous les libraires des Départements et de l'Etranger.

N. B. — Tout ce qui est relatif à la rédaction doit être adressé à M. Salomon Reinach, de l'Institut, au Musée de Saint-Germain-en-Laye (Seine-et-Oise), ou à M. G. Perrot, de l'Institut, rue Cassini, 1, à Paris.

Les livres dont on désire qu'il soit rendu compte devront être déposés au bureau de la *Revue*, 28 rue Bonaparte, à Paris, ou au Musée de Saint-Germain-en-Laye.

FOUILLES ET DÉCOUVERTES A TRALLES

(PL. XI-XVI)[1].

I

Extraits d'une lettre de Hamdi-Bey à S. Reinach (d'Esky-Hissar, le 25 mai 1902)[2].

« Le 25 février dernier, le Musée impérial a reçu trois statues découvertes à Tralles, qui avaient été expédiées à Constantinople par Naïly-bey, directeur de l'Instruction publique et du Musée archéologique du vilayet de Smyrne.

« J'ai aussitôt envoyé sur les lieux un employé du Musée impérial, mon fils Edhem-Bey, avec mission de recueillir tous les renseignements relatifs à cette importante découverte, de dresser un plan et de pratiquer, s'il y avait lieu, quelques fouilles complémentaires.

« Je vous communique ci-après la copie du rapport d'Edhem et un calque du plan qu'il a dressé.

« La première statue est celle d'une Nymphe, en beau marbre blanc; la tête et les deux bras manquent. Elle tenait des deux

---

1. [Cet article était déjà composé et les gravures étaient tirées lorsque le *Bulletin de Correspondance hellénique* a publié, sous la signature d'Edhem-Bey, un mémoire intitulé *Fouilles de Tralles*, accompagné d'un plan et de cinq belles héliogravures (1904, p. 54-92, pl. I-VI). Les pages relatives aux sculptures sont dues à la collaboration discrète de M. Mendel. Tout en regrettant que le présent article fasse, dans une certaine mesure, double emploi avec celui du *Bulletin*, nous pensons que la haute importance archéologique des fouilles de Tralles justifie la publication de leurs résultats dans plusieurs recueils, qui ne s'adressent pas, du reste, aux mêmes lecteurs. — *Réd.*]
2. [Cf. les communications de M. S. Reinach à l'Académie des Inscriptions, *Comptes rendus*, 1902, p. 284; 1903, p. 78.]

mains une vasque ronde, dont une partie notable se voit encore sur le haut de la draperie. Hauteur : 1^m,62 (pl. XI, 2 et 3)[1].

« La seconde statue, celle d'un éphèbe, est en marbre de Paros, revêtue d'une belle patine dorée. Les extrémités des pieds manquent. Sur le haut du pilastre auquel s'appuyait l'éphèbe, on voit un trou rectangulaire de 0^m,04 de côté. La tête s'est détachée en route par suite d'un choc violent; mais il sera facile de la remettre exactement à sa place. J'attire votre attention sur la déformation caractéristique des oreilles. Ce magnifique monument a 1^m,50 de hauteur (pl. XII, 1 et 3, pl. XVI)[2].

« La troisième statue représente une Caryatide; le marbre en est très beau et également bien patiné. Le bras gauche, qui était rapporté, manque, ainsi que les doigts de la main droite et les extrémités des pieds. Les cheveux et surtout les boucles qui tombent des deux côtés de la tête ont gardé de fortes traces de couleur rouge; les prunelles des yeux sont aussi peintes en rouge. Hauteur : 0^m,86 ; le *calathos* a 0^m,16 (pl. XI, 1 ; XII, 2 ; XIV, 1 et fig. 1)[3].

« Edhem a découvert, au cours des fouilles qu'il a pratiquées, au même endroit, une belle tête en marbre haute de 0^m,50 de haut (pl. XII, 1 et 2)[4]. Nous avons décidé d'y entreprendre des fouilles sérieuses au mois de septembre prochain.

« O. HAMDY. »

II

Extrait du premier Rapport d'Edhem-Bey.

Arrivé à Aïdin le samedi 16 mars 1902, je suis allé aussitôt à Tralles visiter l'endroit où les statues ont été découvertes. D'après les renseignements que j'ai pu recueillir, tant sur les

---

1. Collignon, *Monuments Piot*, t. X, p. 6.
2. *Monuments Piot*, t. X, pl. IV, V.
3. *Monuments Piot*, t. X, pl. II-III [cf. la Caryatide de Cherchell, *Rép. de la statuaire*, II, 426, 4.]
4. *Monuments Piot*, t. X, pl. I.

lieux mêmes qu'en ville, voici dans quelles conditions elles ont été trouvées.

Fig. 1. — Tête de la Caryatide de Tralles.

Le 3 février 1902, des ouvriers, occupés à retirer des pierres et des marbres à Tralles pour la reconstruction d'une des mosquées d'Aïdin détruite par le tremblement de terre de 1899, découvrirent simultanément deux statues, puis, deux jours après, une troisième. Les deux premières, l'Éphèbe et la Nymphe (qu'on s'est plu à appeler Vénus), ont été trouvées à $2^m,50$ de profondeur, reposant horizontalement sur de la terre meuble et devant un mur appareillé. La troisième, la Caryatide, à un mètre de distance de celles-ci, vers le nord, était également dans une position horizontale, mais reposait sur des débris de mur et était engagée en partie dans un petit mur de construction byzantine.

Le lendemain, 17 mars, j'ai commencé, avec un petit nombre d'ouvriers, et à partir de l'endroit où les statues avaient été trouvées, à ouvrir une tranchée d'une largeur moyenne de trois mètres, le long de ce mur appareillé que surmontait un mur byzantin fait avec un mortier de chaux et de briques pilées. A ce point, le mur appareillé me paraissant tourner à angle droit vers l'est, je me dirigeai vers le sud. J'ai longé, pendant quelques jours, ce mur, qui, sans doute, était une construction de beaucoup antérieure à celle qui la surmontait et j'ai pu constater, à $40^m,60$ plus loin, qu'il tournait aussi à angle droit et également vers l'est. Quelques sondages, de l'autre côté de ce mur, m'ont donné des traces de dallage, ainsi qu'un carré de mosaïque de l'époque chrétienne, à une profondeur de deux mètres à partir de la surface du sol, tandis que, dans la tranchée, le mur appareillé descendait à une profondeur de quatre mètres. Il est évident que le dallage appartenait à la construction byzantine. Ce sondage m'a démontré de même que le mur, épais de $1^m,20$, n'est appareillé que sur sa face extérieure.

Le mur appareillé est fait de blocs de pierres calcaires, jaunâtres, quadrangulaires. De hauteur égale, elles forment des joints continus horizontaux, tandis que, leurs longueurs étant inégales, il n'y a aucune symétrie dans les joints verticaux. De temps en temps, on rencontre aussi des blocs de marbre.

Lors de la construction byzantine, la construction romaine devait être déjà fort ruinée, puisque le mur byzantin, auquel elle sert de fondation, suit toutes les sinuosités de sa partie supérieure.

Il ne faut pas supposer que ces blocs soient un placage, car le mur byzantin qui les surmonte n'est pas en retrait, mais bien sur une même verticale.

J'ai rencontré, le long de la tranchée, quatre grands morceaux de colonnes byzantines en marbre de couleur, ayant toutes 0^m,45 de diamètre. En outre, j'ai déblayé un fût de colonne cannelée, en marbre blanc, de 0^m,46 de diamètre, appartenant à une époque antérieure et dont les cannelures sont garnies de rudentures. J'ai trouvé aussi de menus fragments de motifs d'architecture, paraissant être de la même époque que la colonne cannelée. Je n'ai vu le long de cette tranchée aucun fragment de statues.

Le 21 mars, dans une de mes promenades le long des murs d'enceinte de la ville antique, j'aperçus, sur l'emplacement présumé d'une des portes de Tralles, des traces de mosaïque, à une profondeur de 1^m,50; je fis aussitôt déblayer l'endroit et je mis à jour une mosaïque d'une vingtaine de mètres carrés. Elle est composée d'un dessin géométrique, au milieu duquel se voit un cercle de 0^m,93 de diamètre et portant l'inscription :

+ ΥΠΕΡΕΥΧΗC
ΑΝΑCΤΑCΙΟΥΔΙΑ
ΚΟΝΟΥΑΛΕΞΑΝΔΡΕ
ѠC ΚΕ ΕΙΑΤΡΟΥ//Α [1]

Les lettres, qui ont 0^m,07 c. m. de hauteur, ainsi que le cercle qui les encadre, sont en bleu; les traits qui séparent les lignes sont en rouge et le tout est sur fond blanc.

L'inscription de cette mosaïque a été envoyée au Musée Impérial de Constantinople.

Revenu à l'extrémité nord de la tranchée, j'ai heurté un gros mur byzantin venant obliquement au coin du mur appareillé et faisant avec lui un angle de 17° 30'.

Voulant me rendre compte de sa destination, j'ai mis mes ouvriers de l'autre côté de ce mur. Là, les fouilles que j'ai pratiquées, sur une longueur de 14 mètres et une largeur moyenne de 6 mètres, m'ont donné des résultats plus satisfaisants; j'ai dé-

---

1. Ὑπὲρ εὐχῆς Ἀναστασίου διακόνου Ἀλεξανδρέως κὲ ἰατροῦ...

couvert successivement, à partir du 5 avril, les objets dont l'énumération suit :

5 avril. — Un masque tragique en marbre blanc, de l'époque romaine, mesurant 0^m,26 de hauteur. Le nez est cassé [1].

5 avril. — Deux balances en bronze de l'époque byzantine ; les poids manquent.

10 avril. — Une tête de femme en marbre blanc d'une conservation parfaite ; elle mesure 0^m,31 du menton au sommet de la tête et la hauteur totale est de 0^m,50 (pl. XIII, 1 et 2)[2].

11 avril. — Une base de colonne en marbre blanc appartenant à l'époque romaine. Diamètre : 0^m,91.

12 avril. — Une jambe en marbre blanc, en deux pièces, mesurant, de la cheville à la rotule comprise, 0^m,91.

12 avril. — Deux chaînes en bronze de l'époque byzantine, portant à leurs extrémités des croix du même métal.

14 avril. — Une tête d'homme en marbre blanc de grandeur naturelle ; le nez est cassé.

15 avril. — Un corps d'homme demi-nature, en marbre blanc, qui bouchait à sec, avec d'autres pierres, la fenêtre que l'on voit dans le plan [3]. La tête, les bras et les jambes manquent.

15 avril. — Une jambe en marbre blanc, de la cheville au bas de la rotule ; elle mesure 0^m,72 de long.

17 avril. — Une base de colonne avec son socle en marbre blanc. Diamètre : 0^m,30.

17 avril. — Un chapiteau de l'époque romaine en marbre blanc de style composite. Diamètre : 0^m,45.

18 avril (dernier jour des fouilles.) — Une tête de femme très endommagée, en marbre blanc et de grandeur naturelle.

18 avril. — Un tube et une plaque en bronze dont j'ignore la destination. Le tube mesure 0^m,57 de long et la plaque a 0^m,37 de long sur 0^m,16 de large (fig. 2.)

Pendant ces 25 jours de fouilles, en dehors des objets dont la

1. *Bulletin de Corresp. hellénique*, 1904, pl. VI.
2. *Monuments Piot*, t. X, pl. I.
3. [Ce plan est déposé au Musée de Saint-Germain. — *Réd.*]

nomenclature précède, il a été trouvé un grand nombre de fragments de statues différentes, jambes, pieds, bras, mains, nez, etc.

Il résulte de l'examen minutieux de l'endroit exploré :

1° Qu'il y avait là une construction romaine sur laquelle les Byzantins en ont érigé une autre ; plus, du côté nord, une seconde

Fig. 2. — Objets de bronze, d'usage inconnu, découverts à Tralles[1].

construction également byzantine, aboutissant obliquement à celle-ci et faisant avec elle, comme je l'ai dit plus haut, un angle de 17° 30′ ;

2° Vu la découverte des trois statues, des quatre têtes et d'un

[1]. Ces deux pièces sont indépendantes l'une de l'autre ; le photographe a eu tort de rattacher la petite chaîne du tuyau à la plaque.

grand nombre de fragments, il semble qu'il y aurait là des fouilles importantes à exécuter. Pour cela, il faudrait commencer par dégager complètement les deux constructions, en en faisant le tour extérieur, et en déblayer ensuite méthodiquement les parties intérieures.

. . . .

(Signé) : EDHEM.

Constantinople, le 29 avril 1902.

III

Extraits du deuxième rapport d'Edhem Bey.

Arrivé à Tralles le 3 septembre 1902, j'ai aussitôt repris les travaux suspendus au mois d'avril dernier, me proposant de mettre à jour l'angle de retour d'un mur de construction byzantine devant lequel j'avais découvert, au printemps, la grande tête de femme. Nous avons fouillé cet endroit pendant une vingtaine de jours, sans avoir eu la chance de découvrir le corps de la statue. Nous avons exhumé, en revanche, trois têtes de femmes en marbre blanc, une petite tête de Sérapis d'une conservation parfaite (pl. XIII, 4), les deux côtés d'un ambon de basse époque byzantine, ornés chacun de sculptures en bas-relief, et deux inscriptions gravées sur un gros bloc de marbre mesurant $0^m,60$ de hauteur, $0^m,38$ de largeur, $0^m,40$ d'épaisseur. Ce bloc était brisé en un grand nombre de morceaux ; mais nous avons pu retrouver tous les fragments et les rapprocher de façon à pouvoir déchiffrer les deux inscriptions[1].

Ces deux inscriptions sont incomplètes; la présence d'une grande cavité conique sur une des faces du bloc me fait supposer que ce dernier a été, ultérieurement, entamé par le bas pour servir de mortier.

---

1. [La première inscription (*Bulletin*, 1904, p. 78] est relative à la restauration d'un portique couvert, divisé en huit chambres. La seconde (*ibid.*, p. 79) est une dédicace en l'honneur d'un certain Artémon, fils de Thessalos, qui avait rempli diverses fonctions.]

Nous avons trouvé aussi un très grand nombre de fragments de statues.

Plusieurs tranchées furent encore poussées vers l'est ; elles ne produisirent que quelques fragments d'architecture et de statues.

Le texte de l'inscription n° 1, ainsi que les colonnes que j'avais rencontrées lors de la première campagne, dans la tranchée ouverte le long du mur appareillé, me firent supposer que nous nous trouvions là sur l'emplacement d'un portique (*Stoa*), ce qui expliquerait la présence, en ce lieu, des trois dernières statues et d'un grand nombre de fragments de sculptures.

Deux sondages pratiqués au pied du mur appareillé donnèrent quelques traces de dallages et nous amenèrent à concentrer tous nos efforts de ce côté. Nous nous mîmes donc à dégager de nouveau l'ancienne tranchée, mais cette fois sur une largeur moyenne de huit mètres.

Au bout de trois ou quatre semaines, toute cette partie fut déblayée et nous mit en présence des restes d'une *Stoa* de l'époque romaine.

Devant le grand mur appareillé s'étend un dallage réduit à huit larges plaques de marbre. Une marche, précédant la colonnade, existe également sur une longueur de $11^m,50$; elle est composée de grands blocs de pierre calcaire, identiques à ceux du mur, ayant des longueurs différentes, mais mesurant tous $0^m,63$ de largeur.

Ces traces de degrés se trouvent à une distance de $6^m,25$ du mur, ce qui donne $5^m,80$ environ pour la largeur de la *Stoa*.

Nous ne trouvâmes aucune base de colonne, pas même le moindre fragment. Les fûts sont tous là ; ils sont en marbre de couleur et mesurent $4^m,15$ de hauteur sur $0^m,598$ de diamètre à la base. Ces colonnes étaient monolithes et nous en avons trouvé une qui est parfaitement conservée. J'ai pu constater, en examinant et en mesurant tous les fragments, qu'il y avait huit colonnes. Les chapiteaux, de même que les bases, manquent totalement.

Vu la présence des trois statues découvertes au printemps et le grand nombre de fragments de statues, j'étais en droit d'espérer que je trouverais quelques bases de statues. Il n'en fut rien.

En fait d'autres motifs d'architecture appartenant à la *Stoa*, nous avons trouvé une architrave; elle est de l'époque romaine et d'un travail très médiocre.

Les éléments principaux nous faisant entièrement défaut, les restes de cette *Stoa* ne suffisent pas à en autoriser la restitution architecturale.

*
* *

On peut distinguer, dans nos fouilles, trois groupes principaux de constructions :

La *Stoa*;

Une construction attenant à celle-ci ;

Des constructions de l'époque byzantine.

1° *Le mur de la Stoa*. Il est fait, comme je l'ai déjà dit dans mon premier rapport, de gros blocs de pierres calcaires dont le parement extérieur est assez uni. Il est appareillé à sec et, si l'on s'en rapporte à l'architrave qui fait partie de la même construction, il appartient évidemment à l'époque romaine.

2° *La construction attenante à la Stoa*. Elle est également faite de gros blocs de la même pierre, mais appareillée avec du mortier. On a de même rempli après coup les joints du mur de la *Stoa* avec du mortier. J'ai comparé ces deux mortiers faits de chaux et de briques pilées ; ils sont identiques, ce qui me paraît prouver qu'à une époque postérieure on a dû se servir du mur de la *Stoa* pour cette seconde construction ;

3° Tous les autres murs mis à jour appartiennent à l'époque byzantine. Ils sont tous faits de moellons.

Le mur appareillé, ainsi que ceux de la grande construction attenante, sont surmontés de murs byzantins. Il est hors de doute que ces deux constructions ont dû servir de fondations à des monuments de l'époque byzantine. D'ailleurs, un sondage pratiqué à l'intérieur de la grande construction, lors de la première campagne, m'avait donné des traces de dallage et de mosaïque de cette même époque à un niveau supérieur de 2^m,50 environ à celui de la *Stoa*.

Nous avons trouvé, pendant ces six semaines de fouilles, 62 fragments de statues et 23 fragments d'inscriptions. Ces derniers consistent en de très petits morceaux ne portant que quelques lettres, au point qu'un travail de restitution épigraphique ne semble pas possible.

Fig. 3. — Vue des fouilles de Tralles (grande tranchée sud)[1].

Voici la liste des objets qui méritent d'être mentionnés :

1° Un fragment de statue d'homme, des cuisses à la taille. Hauteur : 0^m,34. Beau travail.

2° Une tête de femme en marbre blanc ; le nez est brisé et les lèvres sont endommagées. Hauteur totale : 0^m,34 (pl. XIV, 2 et pl. XV, 2)[2].

3° Côté d'ambon byzantin en marbre blanc, orné d'un bas-

---

1. La photographie a été prise de l'ouest à l'est ; elle représente une sorte de coupe verticale du souterrain, à moitié démoli.
2. *Bulletin*, 1904, pl. II. [Cette tête ressemble à celle de la prétendue Pénélope du Vatican, Collignon, t. I, p. 407.]

relief représentant le Bon Pasteur. Hauteur : 1^m,82 ; largeur à la base : 0^m,80.

4° Côté d'ambon byzantin en marbre blanc, faisant partie du même monument et également orné d'un bas-relief représentant un pasteur appuyé à un arbre.

5° Une petite tête de Sérapis en marbre blanc ; le *modius* est brisé. Le nez est légèrement éraflé, mais la conservation du reste est parfaite. Hauteur : 0^m,14 (pl. XIII, 4).

6° Une tête de femme en marbre blanc. L'œil gauche et le nez sont très endommagés. Hauteur : 0^m,21 [1].

7° Une tête de femme en marbre blanc, très endommagée. Hauteur : 0^m,33 (pl. XIII, 3) [2].

Les fouilles que nous venons de faire ne sont pas sans intérêt, car elles ont mis à jour un des monuments de l'ancienne Tralles et, de plus, elles expliquent, comme je l'ai dit plus haut, la présence en ce lieu de ces admirables sculptures.

(Signé) : EDHEM.

Courou-Tchechmé, le 25 novembre 1902.

IV

Extraits du troisième Rapport d'Edhem Bey.

Au nom du Musée Impérial, je repris les fouilles de Tralles suspendues au mois de novembre 1902.

Je commençai par faire démolir trois gros murs de construction byzantine, dans l'espoir d'y découvrir des sculptures qui auraient été employées comme moellons. Malheureusement, dans les murs A et B, je n'ai trouvé qu'un petit nombre de fragments de statues et un torse de basse époque. En revanche, la construction D me réservait une surprise : j'y découvris successivement neuf inscriptions en parfait état, dont je joins les copies à mon rapport [3].

1. *Bulletin*, 1904, pl. III, à droite.
2. *Bulletin*, 1904, pl. III, à droite.
3. [Il est inutile de rééditer ici ces textes, qui ont paru dans le *Bulletin de correspondance hellénique*, 1904, p. 77 et suiv. — Réd.]

Ces inscriptions sont toutes gravées sur des grands blocs de marbre mesurant 1^m,50 de hauteur, 0^m,62 de largeur, 0^m,50 d'épaisseur ; je supposais que c'étaient les dés de quelques piédestaux dont les bases et les corniches devaient être sculptées sur des blocs différents. D'ailleurs, les inscriptions, comme on peut en juger, sont incomplètes, les premières phrases manquant presque à toutes ; il était donc certain que ces dés devaient supporter d'autres blocs portant le commencement des inscriptions. Quelques jours plus tard et dans les fondations du même mur, je trouvai d'autres blocs de marbre ornementés, mais en mauvais état, que je pris tout d'abord pour des chapiteaux de pilastres ; mais, après les avoir examinés, je vis qu'ils portaient presque tous, outre quelques lignes d'inscriptions, des traces d'encastrement de plinthes dans leurs parties supérieures. Il n'y avait donc plus de doute : ces moulures étaient des corniches appartenant aux dés et formaient avec ceux-ci des piédestaux.

L'étude des dimensions et celle des textes m'a permis de rapprocher deux de ces corniches des dés dont il vient d'être question....

Je n'ai pas la compétence nécessaire pour procéder à une étude épigraphique ; mais je suppose que ces inscriptions proviennent d'un gymnase.

*
* *

Voulant me rendre compte de la destination de la vaste construction qui s'étend derrière la *Stoa* découverte en 1902, et n'ayant pas le temps nécessaire pour la fouiller en entier, je me décidai à la dégager extérieurement en suivant les murs par une tranchée continue. En même temps je faisais pratiquer deux sondages à l'intérieur de la construction. Les deux sondages m'ont donné des traces de dallages en marbre (blanc et vert) et de pavements de mosaïques à 1^m,40 environ plus haut que le niveau de la *Stoa*. Il s'agit ici évidemment d'une construction de l'époque byzantine. En effet, les murs qui se trouvent plus bas que les traces de dallage susdites sont construits avec de gros blocs de pierres calcaires d'un système assez régulier, tandis qu'au dessus ils sont composés de simples moellons, construits avec un mortier de chaux et de briques pilées.

Je n'ai rencontré aucun fragment de sculpture dans ces deux sondages; par contre, dans la tranchée est-ouest, creusée perpendiculairement à la *Stoa* du côté nord, j'ai trouvé plusieurs fragments d'ornements d'architecture, des fragments de statues en grand nombre et un joli petit bas-relief mesurant $0^m,70$ de hauteur sur $0^m,44$ de largeur (pl. XV, 1)[1]. Ce relief devait, comme on le voit, faire partie d'un ensemble composé de plusieurs plaques; malheureusement, malgré toutes mes recherches, je n'ai pas pu retrouver les autres.

Je poussai activement les travaux et, au bout de quelques semaines, j'avais fait le tour extérieur de la construction.

Cette construction, de forme bizarre, mesure 89 mètres dans sa plus grande longueur. Elle ne fait qu'un avec une construction que les habitants d'Aïdin croient être les restes d'une église chrétienne et que, d'ailleurs, Humann désignait ainsi dans son article de 1888 sur les ruines de Tralles. Cette désignation date d'il y a une vingtaine d'années. En fouillant un jour cet endroit, les villageois y avaient trouvé une icone en bois; ils en conclurent que ces ruines étaient celles d'une église. D'après ma modeste opinion, cette image provient d'un petit monument en ruines — une église byzantine — qui se trouve à vingt mètres de là; mais celui qui nous occupe n'a jamais dû être une église. En effet, tout le long de mes fouilles, j'ai rencontré d'innombrables conduites d'eau en terre cuite qui sillonnent cette construction dans tous les sens; dans la tranchée ouest-est, à partir du côté sud de la *Stoa*, j'ai découvert aussi un petit souterrain dont le plafond est soutenu par de petites colonnettes en brique mesurant $0^m,60$ de hauteur (fig. 3). Tout ce souterrain, ainsi qu'une espèce de niche que j'ai rencontrée dans le premier sondage, est entière-

---

1. [*Comptes rendus de l'Académie des Inscriptions*, 1904, p. 47; *Bulletin de correspondance hellénique*, 1904, pl. VII. Le sujet de ce bas-relief n'a pas encore été expliqué d'une manière satisfaisante; cf. *Bulletin*, 1904, p. 71-74. Réd.]

ment noirci par la fumée ; enfin, dans la soi-disant église, on voit encore des conduites d'eau. Tout porte donc à croire que nous avons là les ruines de thermes.

On remarque dans ces fouilles trois constructions d'époques différentes : la construction byzantine, la construction romaine, une autre construction antérieure à ces deux dernières et de laquelle proviennent les matériaux ayant servi à construire le monument que nous fouillons. On aperçoit, en effet, dans tous les murs, des architraves, des chapiteaux, des frises, etc., un grand nombre de fragments de sculpture et d'ornementation appartenant à un monument qui devait se trouver à proximité ou même sur l'emplacement de notre construction. Il est donc permis de supposer que tous les matériaux qui ont servi à la construction de l'édifice dont je parle, ainsi que les inscriptions trouvées à quelque mètres de là, proviennent d'un même monument qui a dû être un gymnase.

Conclusions :

1° Sur l'emplacement ou à proximité d'un gymnase dont les restes ont servi de matériaux de construction, s'élevait un monument que je suppose avoir été des thermes ;

2° Sur les ruines de ces thermes et à 1^m,40 plus haut s'élève une autre construction qui est de l'époque byzantine et qui pourrait bien avoir eu la même destination ;

3° Pour pouvoir affirmer la destination de ces deux constructions et en relever les plans détaillés, il faudrait fouiller le côté sud sur une plus grande étendue, dégager intérieurement la construction byzantine. Cela fait, on traverserait le dallage et l'on rechercherait le niveau du sol de la construction romaine, qui doit être à 1^m,40 environ plus bas, au niveau même de la *Stoa*.

(Signé) : EDHEM.

Courou-Tchechmé, novembre 1903.

Angers. — Imp. orientale A. BURDIN et Cie, 4, rue Garnier.

SCULPTURES DE TRALLES

SCULPTURES DE TRALLES

SCULPTURES DE TRALLES

SCULPTURES DE TRALLES

SCULPTURES DE TRALLES

SCULPTURES DE TRALLES

www.ingramcontent.com/pod-product-compliance
Lightning Source LLC
Chambersburg PA
CBHW060916050426
42453CB00010B/1759